AF324558

SUITE
DES RICHESSES
DE
L'ÉTAT;
OU

Observations sur la Richesse de l'Etat.

SUITE
DES RICHESSES
DE
L'ÉTAT.
OU

Observations sur la Richesse de l'Etat.

LE syſtême de la Richeſſe de l'État a eu les plus grands ſuccès ; l'Auteur les doit peut-être moins à ſon ouvrage, qu'aux circonſtances pour leſquelles il a été fait : en effet on a ſenti depuis long-tems la néceſſité de ſimplifier les impôts, de diminuer, par ce moyen, les frais de régie, qui forment un nouveau genre d'impofition plus onéreux que les autres, & dont Sa Majefté ne profite pas.

Ce Projet, ou tout autre qui auroit été préfenté, & qui auroit tendu à la même fin, ne pouvoit manquer d'être ap-plaudi; on fervoit alors le Public fuivant fes goûts : pourquoi l'Auteur des doutes modeftes n'a-t-il pas auffi moiffonné des lauriers ? Ce n'eft pas la faute de fes ta-lens; c'eft qu'il a écrit contre le fenti-ment général, & qu'il y a beaucoup de mal-adreffe à le faire.

La plûpart des Projets qui ont été in-ventés ne font que de belles fpécula-tions dont l'expérience a démontré le faux; mais il a fallu du tems pour faire cette découverte, & fouvent, pour y parvenir, on a été obligé de facrifier des avantages réels. La Richeffe de l'État promet beaucoup, & l'on peut facile-ment vérifier fi celui qui préfente ce fyftême eft dans le cas de tenir ce qu'il promet.

5

Il suffit pour cela de mettre en usage les moyens imaginés par l'Auteur des doutes modestes , ouvrir cette souscription dont il a parlé ; ce qui n'est qu'une plaisanterie dans son ouvrage deviendra la solution du systême , la voie pour en découvrir les avantages & les inconvéniens.

On pourra envoyer des ordres aux Commissaires départis dans les Provinces, qui les feront passer à leurs Subdélégués, ceux-ci aux Maires des Villes & aux Syndics des Bourgs & Villages. On assemblera les Habitans , & chacun se placera dans la classe qui lui convient le mieux.

On dressera des rolles qui feront signés des chefs de chaque Communauté; tout dépendra ensuite d'un calcul: si Sa Majesté y trouve son compte , les rolles feront rendus exécutoires, on fera la erception.

A iij

Rien ne fera plus facile que cette régie , il ne fera plus befoin de Rece-
veur des Tailles , de Receveurs Géné-
raux des Finances, dont le fafte annonce
l'opulence & le bénéfice ; chaque Corps
recevra la taxe de fes contribuables &
en comptera directement & fans frais à
la caiffe générale des Finances.

Le feul inconvénient que je trouve
dans ce Projet, c'eft qu'il n'annonce pas
une forme d'impofition permanente , ou,
quand elle le feroit , le Roi n'auroit
qu'un revenu certain fans efpoir d'ac-
croiffemens : ce qui n'eft pas jufte ; car
les richeffes du Souverain doivent aug-
menter en proportion de celles des Sujets.

La taxe perfonnelle que l'on mettra
fur chaque chef de famille fera toute
volontaire ; elle rendra beaucoup dans
les premiers momens, parce que celui qui
foufcrira , penfera y trouver fon avantage ; mais un inftant de ferveur paffée,
il cherchera à payer le moins poffible ,

il fera mille efforts, ou pour faire diminuer fa cotifation, ou pour en être dé-
chargé.

Si fes remontrances font équitables, il
faudra les écouter ; car la juftice veut que
celui qui a peu donne peu ; mais comment démêler la vérité du menfonge ?
Comment connoître les forces de chaque
Citoyen ? On le peut, lorfque la taxe eft
réelle ; mais fi elle eft perfonnelle, cela
fouffre beaucoup de difficulté , & fingu-
lièrement vis-à-vis de ceux dont la for-
tune confifte dans l'induftrie ou dans un
mobilier confidérable.

D'ailleurs, le tems donne une nouvelle
valeur aux chofes, les propriétés augmen-
tent fans ceffe , un fiécle les voit dou-
bler ; mais la dépenfe croît auffi en proportion ; les fept cents millions qui fuf-
firoient aux charges de l'État dans les
circonftances, ne les acquitteront point
dans trente ans ; on fera obligé d'ajoûter
au produit de chaque claffe.

Mais pour le faire avec succès, il seroit à propos que les contribuables s'y portassent volontairement; aussi, soit pour donner une forme certaine à la nouvelle imposition, soit pour en tirer, dans le tems, tout l'avantage possible, il faudroit déterminer les Sujets du Roi, par un attrait plus fort que celui des richesses, à rester dans la classe qu'ils occupent, ou à se placer dans une classe plus forte.

Qu'est-ce que les hommes préferent aux richesses? Ce sont les honneurs; tous leurs vœux se portent vers elles, & les grands biens ne sont qu'un moyen pour y parvenir; il sera nécessaire de les attacher par ce lien qui leur est si cher, & d'accorder des distinctions, aux premieres classes.

L'Histoire nous instruit à cet égard; le systême de la Richesse de l'État n'est pas nouveau, c'est celui de *Servius Tullius* : on va voir de quelle manière ce Roi de Rome avoit conçu son projet &

les moyens dont il s'étoit servi pour le faire reuſſir.

Servius Tullius avoit diviſé le peuple par centuries; pour entrer dans la première claſſe, il falloit avoir un revenu conſidérable pour ces tems-là ; ceux qui occupoient la ſeconde étoient moins riches ; & ſucceſſivement des autres. Enfin les indigens étoient placés dans la dernière claſſe ; ils étoient exempts de toutes charges.

On trouve une analogie ſenſible entre l'un & l'autre ſyſtême ; les moyens pour en aſſurer le ſuccès doivent donc être les mêmes ; *Servius Tullius* donna plus ou moins de prépondérance dans les aſſemblées aux centuries : la première l'emportoit ſur la ſeconde, celle-ci ſur la troiſième, &c. Enfin les voix de la dernière claſſe n'étoient preſque jamais recueillies.

Au moyen de cet arrangement qui

donnoit tout l'avantage aux riches fur les pauvres, chacun, fuivant fes facultés, ambitionnoit les premières claffes : s'il n'eft pas poffible de prendre cette route, on peut en choifir une autre plus analogue à la conftitution Monarchique & qui conduife au même but.

On pourroit, par exemple, n'accorder les honneurs qu'à ceux qui feroient placés dans les premières claffes ; ce feroit, peut-être, un moyen relatif à l'exécution du fyftême, & capable, d'ailleurs, d'exciter l'émulation, en donnant aux plus riches l'efpérance de voir récompenfer leurs travaux.

Quoi qu'il en foit, je ne donne pas cet expédient comme le plus convenable : je fçais qu'il a fes inconvéniens. Je fçais qu'il eft exclufif du mérite qui naît fouvent dans le fein de l'obfcurité ; mais Sa Majefté peut y fuppléer ; la volonté d'un Souverain fe fait entendre de tant de manières dans un Gouvernement Monarchique, qu'elle eſt ſûre d'être écoutée. Il peut tout ce qu'il veut ; il ſuffit de faire valoir l'*honneur* , ce véhicule découvert par M. de Monteſquieux, & dont *l'Ami des hommes* a ſi bien ſçu tirer avantage.

Mais pour revenir au ſyſtême de la Richeſſe de l'État, il n'eſt pas poſſible , quant à préſent, de le louer, ni de le condamner ; ſes ſuccès dépendent de l'évenement : ce qu'on peut dire , c'eſt que l'auteur eſt entré dans les vûes du Roi. Sa Majeſté, en ordonnant un dénombrement général , ſemble annoncer qu'il eſt dans l'intention d'établir une forme nouvelle d'impoſitions.

Il eſt bien à déſirer que ce Projet, qui eſt une preuve évidente de l'amour du Roi pour ſes Sujets , puiſſe réuſſir. Il raffermiroit les principes de l'État, en détruiſant les Financiers ; car tout le mal vient d'eux ; ce ſont eux qui ont cauſé tous nos malheurs, soit par les profits immenses qu'ils ont faits, soit par le mauvais exemple qu'ils ont donné.

On suppose que le Roi tire cinq cents millions de ses Sujets : il en faut sept cents pour produire cette somme ; ainsi voilà deux cent cinquante millions pris sur le peuple, & qui sont en pure perte pour l'État; cet excédent du revenu réel paroit d'abord trop considérable, & l'on me répondra certainement que les frais de régie ne montent pas si haut.

Cela est vrai, si l'on entend par frais de régie, ce qu'il en coûte pour lever les impositions : mais il faut ajouter les profits des Financiers de tous les Ordres ; les exemptions dont ils jouissent, & qui forment une nouvelle charge que le reste des Citoyens acquittent pour eux.

Ajoutez encore que la perception, plus onéreuse que l'impôt même, ôte aux Citoyens ses ressources : c'est perdre que de ne pouvoir gagner ; ainſi le montant de ce qu'il auroit pû acquérir, ſi on lui en avoit laiſſé les moyens , eſt un nouveau tribut qu'il paye contre l'intention du gouvernement, & qui pourra être un jour un obſtacle à la levée de tous les autres.

Ainſi je n'exagere point, quand je dis que les frais de régie montent à cent cinquante millions ; quel uſage ne pourroit-on pas faire d'une ſomme auſſi conſidérable ? bien ménagée, elle ſuffiroit pour acquitter les dettes de l'Etat.

Mais il faudroit détruire les Financiers ; quel inconvénient ! c'eſt détruire le luxe qui ruine, lorſqu'il paroît enrichir.

Le luxe eſt néceſſaire juſqu'à un certain point : il dévelope les reſſorts de l'induſtrie ; mais il eſt à propos de le contenir dans de juſtes bornes; s'il prend de trop grands accroiſſemens, il renverſe ce qu'il avoit élevé.

Un de ſes premiers effets a été de multiplier les befoins. Nous ne nous fommes plus contentés du fimple néceffaire ; les Etrangers en ont profité : ils ont inventé les moyens d'attirer nos richeffes en fatisfaifant nos goûts.

Nous n'avons eftimé que ce qui venoit de loin ; en foutenant leurs manufactures, nous avons ruiné les nôtres, par le tranfport de l'argent qui les pouvoit faire fubfifter ; auffi, voyons-nous que les Etrangers s'accroiffent par nos pertes : on trouve chez eux ce que nous n'avons plus chez nous : la balance entre l'importation & l'exportation fi néceffaire au commerce, n'éxifte plus.

Ainfi, le Commerce reprendra fa premiere vigueur par l'anéantiffement des Financiers : moins riches ils dépenferont moins ; & comme rien ne peut contenir leur activité, ils porteront leurs vues ailleurs ; ils employeront leurs richeffes à fonder ou foutenir des Manufactures.

On veut favorifer la population & l'a-

griculture : la deſtruction des Financiers
en eſt encore le moyen. Combien de
célibataires de tous états, l'amour du luxe
qu'ils ont inſpiré, n'a-t-il pas faits? ils les
ont rendu trop prévoyants pour l'avenir.
On a vécu pour ſoi, parce que l'on a cru
ne pouvoir vivre pour les autres.

Le luxe diſſipé, on trouvera des tréſors
dont on ne ſoupçonnoit pas l'exiſtence,
dans une économie honorable : on ſçaura
que l'on eſt bien riche quand on eſt ver-
tueux ; le poids d'une famille nombreuſe
ne ſera plus inſupportable ; on ſe mariera
ſans crainte, & l'on ne mettra point de
bornes au devoir que le mariage impoſe.

Sans compter les légions de Commis,
que les Financiers ſoudoyoient, & qu'ils
ont la plupart tirés de la charrue, que
d'inutiles, occupés à Paris à être du-
pes ou à en faire, retourneront dans leurs
Provinces cultiver le patrimoine de leurs
Ancêtres, & faire fleurir l'agriculture par
des moyens plus efficaces que ceux qui

nous ont été indiqués par tant d'auteurs modernes.

Enfin, on ne verra plus de ces êtres mitoyens entre la nobleſſe & la roture, & qui n'ont un rang que parce qu'ils l'ont acheté ; le nombre des nobles ſera plus rare , & celui des Sujets utiles plus conſidérable. Celui qui a acquis du bien par ſon induſtrie n'ambitionnera plus une oiſiveté pernicieuſe à l'Etat : ſes tréſors ſerviront à en obtenir de nouveaux.

On trouve dans le ſiſtême de la Richeſſe de l'État & dans tout autre qui produira le même effet, une route pour arriver au terme que le gouvernement ſe propoſe.

F I N.